Lk7 2400

5792

HISTOIRE ABREGÉE DE LA S^TE. HOSTIE,

Conservée à la Sainte Chapelle du Roi à Dijon, depuis l'an 1433.

Avec l'Amande honorable qui s'y fait les Vendredis des Quatre-Tems.

BIBLIOTHÈQUE ROYALE

A DIJON,
Chez ANTOINE DE FAY, Imprimeur des Etats de Bourgogne, à la Bonne-Foi.

MDCCXIX.
AVEC PERMISSION.

HISTOIRE ABREGÉE DE LA STE. HOSTIE.

QUoique la presence réelle du Corps, du Sang, de l'Ame, & de la Divinité de JESUS-CHRIST dans la Sainte Eucharistie, soit prouvée dans les Saintes Ecritures d'une maniere à n'en pouvoir raisonnablement douter, Dieu cependant pour augmenter de plus en plus la foi de ses Adorateurs dans l'Auguste Sacrement de ses Autels, a bien voulu confirmer sa parole par des miracles, ausquels les plus incrédules n'ont rien à répliquer.

L'Allemagne, la Pologne, l'Espagne,

l'Italie, la France, la Hollande, le Piedmont, la Bourgogne, le Brabant,& plusieurs autres Provinces, ont vû des prodiges qui ne laissent aucune incertitude sur ce Mystére.

Candelubr. Myst. tr. 4. 1239. La Ville de Dorcora en Espagne conserve depuis cinq cens ans des Parcelles, & des Linges empourprez du Sang de ce Divin Sacrement froissé par hazard entre des pierres.

1290. Les Billettes à S. Jean en Gréve. Paris Capitale de la France, rendra témoignage que le fer & le feu ne pûrent alterer les Espéces Sacramentelles entre les mains d'un Juif.

1331. Cologne a reconnu ce Pain changé en la Chair d'un Enfant.

Aux Augus. des deux Villes. Louvain en a conservé des restes précieux aussi bien que la Ville de Cologne.

1345. Des globes de feu ont paru dans les marais voisins de Cracovie, où le S. Sacrement avoit été submergé.

1453. Turin revera ce Pain Celeste resplendissant dans les airs, aprés avoir échapé des mains sacriléges d'un prophanateur.

En Comté. 1608. Faverney publiera hautement que les flâmes ont épargné ce saint Mystére dans l'embrasement de ses Autels.

Dôle en produit le témoignage dans l'encéinte de ses murs.

Dans le Brabant. Bruxelles célébrera toujours la mémoire du Sang de Nôtre Redempteur sorti de son saint Tabernacle.

Mais Dijon Capitale de la Bourgogne, Dijon montrera dans les ſiécles à venir une Hoſtie miraculeuſement teinte du Sang Adorable qui coula de toutes les Cicatrices où la main de l'impie porta les coups de ſa fureur.

1433. *Futuris temp. venerandam*, porte le Bref d'Eugene IV.

Ce dépot ſacré ſera toujours l'objet de nôtre foi, l'anchre de nôtre eſpérance, & le motif de nôtre amour.

Pluſieurs Hiſtoriens ont diſertement parlé de cette Hoſtie miraculeuſe dans leurs Ouvrages, ſurtout M. Philibert Boulier Prêtre, Chanoine de ladite Sainte Chapelle, dans un Traité exprés, intitulé, *Sauve-garde du Ciel pour la Ville de Dijon*, où il cite tous les Auteurs qui en ont écrit avant lui ; c'eſt pour cela qu'on ſe contentera de faire ici le ſimple narré de ce qui eſt de nôtre connoiſſance.

Imprimé à Dijon par P. Palliot, 1643.

Le Pape Eugene IV. du nom, traverſé pendant ſon Pontificat, & par les Colonnes Princes Romains, & par les Peres du Concile aſſemblé à Baſle, qui avoient entrepris de le dépoſer en mettant en ſa place Amedée Duc de Savoye, ſous le nom de Felix, implora l'aſſiſtance de Philippe le Bon, Duc de Bourgogne, Prince trés-vertueux, & l'un des plus puiſſant de l'Europe : pour l'engager à prendre ſa deffenſe, il lui envoya une Hoſtie que l'on conſer- 1433.

voit auparavant dans les Trésors de Rome, sous l'Image de Nôtre Sauveur assis dans son Trône, frapée de plusieurs coups, & teinte de Sang aux endroits qu'un fer pointu avoit entamé.

Philippe le Bon étoit à Lisle en Flandres quand ce précieux dépot lui fut aporté par Robert Anclou Chanoine de Paris, & son Agent en Cour de Rome; ce Duc l'envoya aussi-tôt à Dijon Ville Capitale de ses Etats, par le même Robert Anclou, pour être gardée en sa Sainte Chapelle, où il avoit été regeneré dans les Eaux salutaires du Baptême, & où il tint la même
1433. année au jour de S. André le troisiéme Chapitre Général de son Ordre de la Toison, d'Or qu'il avoit établi trois ans auparavant étant à Bruxelles, le jour de ses nôces avec Isabelle fille de Jean Roi de Portugal sa troisiéme femme, en faveur de laquelle il prit la devise, AUTRE N'AURAY.

Les Noms & les Armes des Chevaliers se voient au dessus des Siéges dans le Chœur.

Le Bref d'Eugene IV. en date du 27 Septembre, troisiéme année de son Pontificat, signé, Poggi, ne désigne point le lieu, ni le tems ausquels l'impieté fut commise; le témoignage du S. Pere est suffisant pour assurer un fait que nous découvrons de nos yeux, & que Mrs. les Magistrats viennent reconnoître chaque année le Jeudi de l'Octave du S. Sacrement, dont ils dressent

Verbal qui peut ſe lire à l'Hôtel de Ville.

Dévotion à la Ste. Hoſtie.

Etabliſſement de la Confrerie & du Bâton de la Ste. Hoſtie.

L'an 1484 le 12 Mai, commença l'établiſſement de la Confrerie, & la Cérémonie du Bâton de l'Hoſtie miraculeuſe pour la conſervation de la Ville & de ses Habitans, de l'avis de Mrs. du Chapitre, de Mrs. du Parlement, de la Chambre des Comptes, des Maire & Echevins de la Ville. 1484.

Cette dévotion continuë encore : pluſieurs perſonnes de marque, des Souverains même ont tenu à grand honneur de recevoir en leurs maiſons la figure ou repreſentation du miracle. Clement VIII. accorda des Indulgences Plénieres à perpétuité aux freres & ſœurs de l'aſſociation; le Bref du S. Pere eſt du 28 Aout 1601.

Loüis XII. Roi de France, ayant témoigné une foi vive envers l'Auguſte Sacrement de nos Autels dans une maladie preſſante, aprés avoir recouvré ſa ſanté, envoya par deux Héraults d'Armes la Couronne d'Or qu'il avoit portée le jour de ſon Sacre à Reims, pour être attachée ſur le Vaiſſeau, où eſt expoſée la Ste. Hoſtie; les Lettres de Sa Majeſté adreſſées aux Doyen, & Chapitre de la Ste. Chapelle à Dijon en date du 21 Avril, *Signées*, LOUIS, *& plus bas*, ROBERTET. 1505.

La même année le Roi Loüis XII. demanda le Bâton de la Ste. Hostie qui lui fut accordé, Mrs. de la Chambre des Comptes le rendirent l'année suivante pour Sa Majesté au mois de Juin.

1506.

1644. L'an 1644, le Roi Loüis XIV. prit le Bâton de la Ste. Hostie, & le rendit l'année suivante.

1674. L'an 1674, Marie Therese Reine de France, prit aussi le même Bâton qu'elle rendit l'année suivante.

1643. Un nombre de Dames & Demoiselles animées de l'esprit de Dieu, prirent la pensée de rendre chaque jours leurs adorations à Jesus-Christ dans la Ste. Hostie; elles commencérent ce saint Exercice le 15 Aout 1643, de l'autorité & permission de Mrs. du Chapitre, sous la direction de Mr. Thomas Chaudot l'un d'iceux, dont la mémoire est en bénédiction, ce que les Dames & Demoiselles ont continué depuis, & pratiquent encore à present avec grande édification, à toutes les heures, depuis le midi jusqu'au soir. Un de Mrs. les Chanoines leurs fait exhortation tous les premiers Jeudis de chaque mois, à l'issuë des Complies; elles communient toutes le Jeudi de l'Octave du S. Sacrement, & les Samedis des Quatre-Tems à une Messe basse qui se célébre sur les dix heures, pour demander à Dieu des Mi-

Societé des Dames.

Décédé le 7 Aout 1684, est inhumé derriere le Chœur de l'Eglise Nôtre-Dame.

nistres dignes de ses Autels ; aprés la Messe se donne la Bénédiction avec le S. Ciboire.

Les Jeudis suivants le décés de chacune desdites Dames & Demoiselles de l'Association, se célébre aussi une Messe basse pour le repos de leurs ames, & il y a Communion.

Cette dévotion doit sa naissance à Mr. de Renty, qui forma ce dessein, & en commença l'établissement dans la Paroisse de S. Paul à Paris l'an 1641 ; il en fit un traité qu'il presenta à son Pasteur pour être mis en pratique.

Mr. de Renty.

Ce Gentilhomme né au Beny dans la basse Normandie, marquoit un zéle si ardent pour JESUS-CHRIST dans la Sainte Eucharistie, qu'il passoit la plus grande partie du jour en la presence des Autels, accompagnant le S. Sacrement toutes les fois qu'on le portoit aux malades, donnant libéralement des Vaisseaux sacrés aux Eglises qui en manquoient, faisant même des Tabernacles, qu'il doroit de ses propres mains, pour les envoyer dans les Campagnes.

L'an 1658 le 10 Mai, Mr. Gonthier Prevôt, Chanoine de la Sainte Chapelle, & Vicaire Général du Seigneur Evêque de Langres, presenta au Chapitre un Livre d'Instructions & Prieres pour l'Adoration perpetuelle du trés S. Sacrement dans cette Eglise, du consentement de Mrs. ses Confreres, qui reconnoissoient dans sa personne un parfait adorateur du vrai Dieu, le modéle accompli des Ecclesiastiques, le pere des pauvres, l'instituteur ou restaurateur de toutes les œuvres pies qui se font dans cette Ville. Il mourut le premier du mois de Juin 1678, Messieurs lui ayant administré les Sacremens au Séminaire de la Magadeline où il est inhumé.

La Sainte Hostie s'expose en évidence le Vendredi Saint dés le matin dans la Chapelle préparée, & le soir à l'issuë des Ténébres elle est apportée sur le grand Autel, où s'en fait élevation par deux fois pendant que l'on chante, *O Crux, ave spes unica.* Ensuite étant serrée dans le coffre, Mr. l'Officiant en donne la Bénédiction en silence avant de la reporter en la Chapelle.

Délibérations des 7 Octobre & 16 Novembre 1718.

Les Vendredis dans la semaine des Quatre-Tems de l'année, Messieurs du Chapitre renouvellent la Cérémonie qui se pratiquoit anciennement de faire élevation de la Sainte Hostie pendant que l'on chante par deux fois, *O Crux ave, spes unica*, à l'issuë des Complies; & pour répondre à la pieté singuliere d'un de leur Confrere, ont ordonné qu'à perpetuité Mr. l'Officiant prononceroit ensuite l'Amande honorable à la forme suivante.

Oratio coram sacrosanctâ & mirabili Hostiâ; flexis genibus, clarâ & distinctâ voce pronunciandâ diebus Veneris Quatuor-Temporum, post Hymnum Vexilla Regis prodeunt.

AMantissime Jesu, qui ut hominem redimeres, de Virgine nasci, circumcidi, osculo tradi, à Discipulis derelinqui, à militibus comprehendi, virgis cruentari, spinis coronari, colaphis cœdi, sputis inquinari, in cruce levari, à Scribis & Senioribus illudi, à Latrone blasphemari, felle inebriari, & post durissimam mortem lanceâ transfigi, dignatus es. Quantus amor! incomprehensa bonitas! quæ Majestati tuæ gratiarum actiones, si memoriâ memor esset homo! sed proh dolor! quæ excogitavit Judaïca pravitas, hæc suscitavere impiorum reprobæ gentes quæ te non noverunt. Aliæ adversùs alias certantes debellan Humanitatem, Divinitatem, Essentiam. Hæretici, Schismatici, Rebelles, Athæi, Sacrilegi, negant propugnant, polluunt, blasphemant proterunt Sanctum Dominum. Quin-imò: eloqui liceret, silere satiùs (adhæret enim lingua faucibus nostris) tremendum ac vivificum Corporis tui Sacramentum, Panis vivus, pignus divini amoris, cibus animarum, vesanâ cujusdam feritate gladii ictibus perforatur. Furor Amentia! Scelus! En Sanguinis unda profluit! Obstupescunt cœli super hoc, terra tabescit tremens, fremunt inferi, corda hominum duriora saxis, non movet tantum nefas!

Ah! Domine qui omnia nosti, vide afflictionem, audi suspiria, voces & gemitus filiorum ad te clamantium. Nos de tantis affecti convitiis veniam suppliciter exposcimus, inter Vestibulum & Altare dolentes: Ignosce ergò Domine, ignosce precantibus, indulge reis, parce confitentibus quos pretioſo Sanguine redemiſti. Ne deſpicias, ó benigniſſime Jeſu, ne repellas contritos & humiles corde: Sanet nos miſericordia tua, mundet nos ſapientia tua, muniat nos HOSTIA SANCTA, mirabili Sanguine cruenta, ſtupendum ſuprà omnia miraculum, habitans in nobis, donum ſuper omne donum.

Sit in tribulatione ſolatium, ſcutum fidei noſtræ.

Sit in adverſitate præſidium, gladius ſpei noſtræ.

Sit in horâ mortis auxilium, galea ſalutis noſtræ.

O Salvator ſub ſpecie panis abſcondite, vulnerate, tranſverberate, largire nobis placatus indulgentiam, benedictionem, & ſalutem. Amen.

Amande honorable à la Ste. Hostie, traduite de celle qui se prononce en Langue Latine à la Ste. Chapelle de Dijon le Vendredi des Quatre-Tems, aprés l'Hymne Vexilla, *chanté en Musique à la suite des Complies.*

AImable Jesus, qui pour racheter l'homme pecheur de la damnation éternelle, avez bien voulu naître d'une Vierge, souffrir les cuisantes douleurs de la Circoncision, être lâchement trahi par un infame baiser, abandonné de vos Disciples, saisi par des Soldats, déchiré de verges, soüillé de crachats, élevé en Croix, insulté par les Scribes & les Pharisiens, blaspheme par un insigne voleur, enyvré de fiel le plus amer: & aprés tous les tourmens de la mort la plus cruelle, avez encore permis qu'une lance ouvrit vôtre sacré côté. Quel excés d'amour!

Bonté incomprehenſible ! Quelle reconnoiſſance mériteroit un ſi tendre amour, ſi l'homme pecheur étoit ſenſible à des graces ſi marquées !

Mais, ô douleur inconcevable! tout ce que la malice inveterée des Juifs a pû autrefois imaginer de plus barbare contre vôtre adorable Perſonne, ſe renouvelle de nos jours par des impies qui refuſent de vous connoître, ô mon Dieu. Opiniâtrement échauffés les uns contre les autres, ils ſont aſſez témeraires pour vous diſputer l'Humanité, la Divinité, l'Eſſence ; les Hérétiques, les Schiſmatiques, les Infidéles, les Athées, les Sacriléges, tous ou chacun en particulier, oſent impunément nier, combattre, prophaner, blaſphemer, fouler aux pieds le Saint des Saints. Bien davantage, nous le publierions hardiment, mais un ſilence reſpectueux paroît plus convenable, puiſque nos langues immobiles s'attachent à nos palais, voulant raconter

de pareilles abominations. Le re
doutable Sacrement qui contient no
la figure, mais la réalité de vôtr
Corps, & de vôtre Sang, ce pai
qui communique la vie, ce gag
éternel de vôtre divin amour, l
nourriture de nos ames, reçoit le
coups meurtriers de la brutale mai
d'un Incrédule. Eſt-ce fureur! Extra
vagance! Impieté! Le Sang coul
de toutes les Cicatrices où le fer eſ
entré. Les Cieux en ſont frappés d'é
tonnement, la terre ſe deſſéche e
tremblant, les Démons frémiſſen
dans les Enfers, & le cœur de l'hom
me plus dur que le marbre n'eſ
point touché d'un ſi horrible at-
tentat.

Ah! Seigneur, dont les divine
lumieres pénétrent le fond des ames
conſiderez l'affliction où nous ſom-
mes, entendez du haut des Cieux
les ſoupirs, les gemiſſemens & le
ſanglots des Fidéles qui élévent ic
leurs voix.

Trés

Tres-vivement touché de tous les outrages qui vous ont été faits, nous nous prosternons humblement entre le Vestibule & l'Autel, pour vous demander pardon de tant d'insultes dont nous nous sommes peut-être rendus coupables ; épargnez donc, Seigneur, épargnez des enfans qui se sont éloignez de vous, & qui reviennent en suplians ; pardonnez à des criminels que vous avez racheez au prix de vôtre Sang.

Ne méprisez pas, ô doux Jesus, ne rejettez pas de devant vôtre face les pecheurs vraiment contrits & humbles de cœur.

Que vôtre misericorde, dont la profondeur est immense, acheve de guérir ce qu'il y a de défectueux en nous.

Que vôtre sagesse éternelle nous purifie de plus en plus.

Que cette HOSTIE SAINTE, empourrée de vôtre Sang par un miracle qui subsiste encore à nos yeux, soit pour nous un azile aſſuré dans les tribulations de la vie préſente.

Que ce dépôt ſacré, qui eſt le bouclier impénétrable de nôtre foi, nous mette à couvert de tous les dangers qui nous environnent.

Puiſſe ce gage ineſtimable, que nous tenons en main comme le glaive invincible de nôtre eſperance, nous deffendre des attaques du Démon.

Puiſſe ce don par excellence, que nous élevons ſur nos têtes comme le caſque de nôtre ſalut, nous couronner tous à l'heure de la mort.

O Divin Sauveur, caché! flétri, percé de coups ſous les Eſpéces aparentes du pain, accordez nous, s'il vous plaît, la rémiſſion entiere de tous nos crimes, en nous donnant vôtre ſainte Benediction avec aſſûrance de l'éternité bien-heureuſe. Ainſi ſoit-il.

Faveurs obtenuës par les mérites & au Nom de JESUS-CHRIST *dans la Ste. Hostie.*

Sans parler des graces particulieres qu'une infinité de personnes de tout sexe & de toutes conditions ont obtenuës par leurs prieres au Nom de JESUS-CHRIST dans l'Hostie 1505.
miraculeuse, il suffiroit de rapeller la guérison de Loüis XII. dont il est fait mention ci-devant., fol. 7. Mais il ne sera pas hors de propos de raporter encore qu'en l'an 1556, six mois consécutifs se passérent sans que le Ciel répandit ses rosées sur la terre; la sécheresse fut si extraordinaire, que les eaux abondantes de la Riviere de Vingenne tarirent jusqu'à leur source, ce qui ne s'étoit vû de mémoire d'homme; dans une calamité si pressante, l'unique reméde étoit de recourir à l'Auteur de toutes les graces; Mrs. les Magistrats firent des vœux, & demandérent une Procession solemnelle de la Ste. Hostie, à laquelle assistérent Mrs. des Compagnies Souveraines le 22 Juillet: les 1556.
Peuples de la Campagne animés par cet exemple, vinrent en foule rendre leurs Adorations à cette sainte Relique, & le 25 suivant des Processions au nombre de cinquante, de six à sept lieuës, arrivérent à la Ste.

Chapelle, où elles firent Station avec toute la modestie, l'humilité & la dévotion que requeroit la sainteté du lieu ; l'Ordre de ces Processions est exactement raporté sur un Régistre du Chapitre, avec le nom des Eglises qui formoient un si grand concours; les petites Villes ou Bourgs d'Isurtille, Treschateau, Beze & Mirebeau y tenoient les premiers rangs, avec les Religieux de l'Abbaye de Beze & du Prieuré S. Leger, chargés des Reliques en vénération dans le Païs : le lendemain 26 il tomba une pluye assez abondante pour arroser les fruits de la terre.

1631. L'an 1631 la Ville de Dijon gémissant sous les fleaux de la peste, ses Magistrats renouvellérent le vœu que leurs prédécesseurs avoient formé cent ans auparavant, & à leur instante priere fut Processionellement portée la Ste. Hostie par la Ville le 27 Juillet, les quatre plus anciens Echevins tenant le Poile, Mr. le Vicomte Mayeur, & les autres Officiers de l'Hôtel de Ville suivants le flambeau à la main, tous communiérent à la Messe célébrée à la Ste. Chapelle au retour de la Procession, & par une merveille qui ne peut être attribuée qu'à Dieu seul, la contagion cessa, sans que depuis aucune personne en fut atteinte : Mrs. les Maire & Echevins en marquérent leur reconnoissance sur un marbre qui se voit à côté de la Chapelle de la Ste. Hostie.

L'an 1637 la peste désolant les Habitans de cette Ville, la Campagne d'ailleurs n'étant point praticable à cause des Guerres qui ravageoient le Païs, de l'avis du Chapitre fut commencée une neuvaine à JESUS-CHRIST, l'Agneau sans tâche immolé dans la Ste. Hostie, par une Procession de ce gage assuré de nôtre salut, en la même maniere, & dans le même Ordre qu'en l'an 1631, réservé que quatre Conseillers au Parlement en Robbes rouges y portoient le Dais; la Ste. Hostie demeura exposée pendant les 9 jours, devant laquelle deux Chanoines, & deux de Mrs. de l'Hôtel de Ville répandoient continuellement leurs prieres hors le tems des Offices.

La Cérémonie fut terminée par une Procession Générale de Mrs. du Clergé, & la fin de la neuvaine fut la fin de la contagion. Mrs. les Magistrats en reconnoissance d'une si prompte miséricorde, demandérent le Bâton de la Ste. Hostie qui leur fut accordé, & le rendirent l'année suivante avec la somme de cinq cens écus qui fut employée en achat de tapisseries qui servent encore à la décoration de l'Eglise.

1637. Mrs. les Magistrats prennent le Bâton de la Sainte Hostie.

Presents faits à la Ste. Hostie.

La Duchesse Isabelle secondant la dévotion de Philippe, donna le grand Vaisseau
1452. d'Or du poids de 51 marcs, dans lequel s'expose la Ste. Hostie.

Les Perles, Diamans, & Pierreries dont ce Vaisseau est enrichi, ont été successivement donnés par des Princesses, & autres Dames d'une vertu distinguée: quelques-unes ont encore la consolation d'y voir les Ornemens dont elles se sont volontairement dépoüillées pour les consacrer au Seigneur.

1505. Loüis XII. Roi de France, ayant échappé d'une maladie dangereuse, envoya sa Couronne d'Or qui est au dessus du Vaisseau de la Ste. Hostie, comme il est dit ci-devant, fol. 7.

1547. Antoinette de Bourbon Epouse de Claude de Lorraine Duc de Guise, envoya une Cassette de Vermeil émaillée, dans laquelle se renfermoit la Ste. Hostie avant l'an 1659,
1659. que le Duc d'Epernon Gouverneur de la Province, fit present d'un coffre d'Or trés-délicatement travaillé, où se serre maintenant la Ste. Hostie; celui de la Duchesse de Lorraine, servant à exposer des Reliques sur l'Autel.

Etat de la Ste. Chapelle.

Pour donner quelque idée de la Sainte Chapelle Dijon, il faut sçavoir que cette Egiise doit sa conception aux orages d'une mer agitée, dans lesquels Hugues III. du nom, Duc de Bourgogne, envoüa la fondation allant à Jerusalem au secours des Chrétiens contre les Sarasins, à l'honneur de la trés-Sainte Vierge, & de S. Jean l'Evangeliste.

Fondation de la Ste. Chapelle.

L'an 1165, le Pape Alexandre III. reçut & aprouva les loüables désirs de ce Prince, affranchissant cette Eglise (qui n'étoit encore que dans les idées de son Fondateur) de toute Jurisdiction Episcopale.

Decretales, livre 5, tit.33.

Le vœu fut executé dans la Cour de son Palais, par la bâtisse & dotation de cette Eglise, l'an 1172. Innocent III. s'en déclara le Protecteur par sa Bulle de confirmation de l'an 1212, & par son Rescrit incorporé dans le Droit Canon, *cum Capella Ducis Burgundiæ*, raporté au Concile de Trente, Sess.24, Cap. 11 de *Reform.*

Cette Eglise dans la suite des tems a été annoblie de plusieurs autres Priviléges, tant par les Souverains Pontifes, que par les Rois de France successeurs aux Ducs de Bourgogne, par la réunion du Duché à la Couronne de France sous Loüis XII. en ce tems furent achevées les voûtes de la Nef, avec la Tour à droite de la grand' Porte, l'autre demeurée imparfaite.

Le Fondateur de cette Eglise mourut à Tyr dans la Syrie l'an 1192, son Corps fut aporté à Cîteaux, où il est inhumé sous le Portail de l'Eglise.

Philippe le Bon pour égaler le nombre des Chanoines de cette Eglise à celui des Chevaliers qui se trouvérent au Chapitre Général tenu en cette Eglise l'an 1433, y fonda quatre Canonicats apellés Musicaux, dont il donna le droit de presentation au Chapitre, & la collation aux Ducs de Bourgogne ses successeurs; le Maître de Musique & quatre Enfans de Chœur.

Philippe le Bon est inhumé aux Chartreux de Dijon.

Consécration de l'Eglise.

Cette Eglise a été consacrée le Dimanche de Quasimodo 26 Avril 1500, par Jean de Geneve Evêque d'Hebron; la mémoire s'en fait annuellement avec Octave, le deuxiéme Dimanche du mois de Juillet.

Il y a quelques Reliques assez considerables à la Ste. Chapelle, entr'autres une petite portion du bois de la Croix de Nôtre Sauveur; du Chef de S. André Apôtre, Patron de l'Ordre des Chevaliers; de S. Leger Evêque d'Autun, dont on fait l'Office le troisiéme Octobre; des Ossements de Ste.

Foi

foi Vierge & Martyre, dont la Fête tombe le 6 Octobre ; de S. Longin, & de plusieurs autres, qui s'exposent sur le Grand Autel aux jours solemnels.

Le premier Fondateur de cette Eglise la choisit pour la Paroisse de lui, de la Duchesse son Epouse, & de ses Enfans: son premier Doyen & tous ses Successeurs en cette Dignité furent creés & établis les Curés des Ducs, Duchesses & Enfans de Bourgogne par Alexandre III.

Trois Ducs de la derniere Race y ont été baptisez, sçavoir Jean, Philippe, & Charles. Les Rois de France depuis la réunion de ce Duché à la Couronne, ont toujours reconnu cette Eglise pour leur Paroisse dans la Ville de Dijon.

Les vœux de leurs Personnes sacrées y ont été perpétuellement offerts : toutes les Cérémonies qui regardent le Roi & l'Etat s'y consomment encore aujourd'hui.

L'an 1674 la Reine y communia, & y offrit le Pain beni le 6 Mai jour de S. Jean devant la Porte-Latnie. La même année Monseigneur le Dauphin y offrit aussi le Pain beni, le 13 Mai jour de la Pentecôte.

La Sainte Chapelle a un Doyen & vingt-quatre Chanoines, dont quatre tiennent personnats, tous Commensaux joüissants de *Committimus* ; un nombre d'Habitués, Prêtres & autres, occupés à différentes fonctions, un Maître de Musique, six Enfans de Chœur, & quatre Maſſiers : Ces derniers joüiſſent auſſi de *Committimus* comme Commenſaux, ſont exemts de Tailles, de Gens de Guerre, & de toutes autres charges de Ville.

Monſieur le Doyen par les Bulles de Martin V. données en la huitiéme année de ſon Pontificat, a droit de conſacrer les Vaiſſeaux ſervants au ſaint Sacrifice, & d'aprouver des Confeſſeurs dans cette Egliſe. Il a droit de porter une Robbe violette, pour laquelle il touche annuellement la ſomme de 25 liv. ſur les Etats du Roi. Il a ſéance aux Etats avant tous les Doyens des Cathédrales, & pluſieurs autres prérogatives qui ne ſeront point ici raportées, non plus que tous les Privileges & Immunitez de ladite Egliſe, qui méritent un autre ouvrage.

1643. Le 28 Juin 1643, furent reçûs en cette Egliſe douze Drapeaux que Monſeigneur le Duc d'Anguien y envoya des cent qu'il avoit pris le 29 Mai auparavant à la Bataille de Rocroy ; il en reſte encore dans les collateraux du Chœur.

FIN.

BIBLIOTHEQUE ROYALE

Permis d'imprimer à Dijon ce huitiéme Septembre 1719. *Signé*, QUILLARDET.

www.ingramcontent.com/pod-product-compliance
Lightning Source LLC
LaVergne TN
LVHW010250230826
846091LV00007B/2894